JN408966

남루한 기쁨

남루한 기쁨

| 정주영 시집 |

먼 길 쉼 없이 걸었다
돌아보니 발자국이 보이지 않는다

● 시인의 말

두 줄짜리 자서전

먼 길 쉼 없이 걸었다

돌아보니 발자국이 보이지 않는다

2019년 봄날에

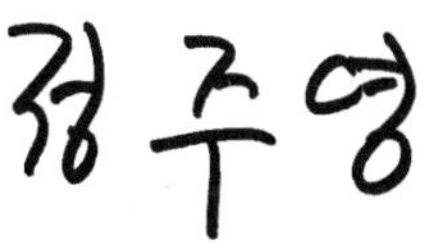

제1부

그렇게 있을 뿐

제2부

징검돌 건너기

제3부

숲이 화장을 고치면

제4부

깊고 푸른 그곳

제5부

내일 아침엔 너를 위해

제1부

그렇게 있을 뿐

길[道]을 묻다

그곳이 어딘가
동터 오는 여명이
어둠을 닦아 내는
정동진 바닷가 어디쯤인가
아니면
객혈한 저녁 하늘이
어둠으로 선혈을 지우는
낙동강 하구
몰운대 건너편 아슴한
수평선 어디쯤인가
아니면
검은 강 건너 지하에 묻혀있다는
명부전(冥府殿)의 어느 전각인가
이도 저도 아니면
지하 서고에 녹슬어 가는
고서 속에 딱정벌레처럼
기어 다니는 문자들이
그곳을 알고 있단 말인가
말을 해다오
그곳을 찾느라 눈이 짓물렀고
발은 충분히 부르텄다
그곳이 어딘가

거울보기

오늘도 거울을 본다
거울 속에 나는 없고
성근 갈꽃 한 주가 나를 본다

내 그럴 줄 알았다
저기 저 철없는 갈꽃은
갈잎이 날 때부터 거울 보기를 했으나
여태껏 한 번도
자기를 제대로 본 적이 없다
그때는 그렇게 생각했다
이삭이 피면 볼 수 있겠지 하다가
이삭이 좀 더 자라면 볼 수 있겠지 하다가
또 다시 이삭이 여물면 하다가…
하다가 여기까지 오고 말았다

그래, 성근 갈꽃이 되어보니 알겠다
산다는 건 끝없는 거울 보기
아이를 업고 아이를 찾는 어미처럼
내가 나를 찾는 철없는 거울 보기

셀카 놀이

이 순간만큼은 내가 조물주다
세상의 구도도 마음대로 바꾸고
눈에 거슬리는 배경도
가차 없이 삭제하고
그 안에 나를 담아
셔터를 누른다 하지만
사진 속 나는 내가 아니다
어, 이 사람이 아닌데
나는 어디로 갔지?
속으로 구시렁거리며
이번에는 각도를 새롭게 잡아
그 속에 나를 넣어 찰칵해 보지만
사진 속 나는 여전히
나이면서 내가 아니다
나는 어디로 갔지?
나를 보고 나를 찾아
계속 셔터를 누르는
어릿광대의 자기를 찾는
셀카 놀이

어찌하여

삶은 강물이라는데
사람이 태어나서
한 생을 살아가는 것은
강물에 몸을 맡기고
함께 흘러가는 것이라는데
그것이 삶이라는데

다른 사람들은 저마다
강물에 몸을 맡기고
도도히 흘러가며 유유자적한 데
내 삶은 어찌
흙당물이 소용돌이하고
굽이마다 험산이 앞을 막는지
어찌하여 또 겨울마다
강물은 본성을 잃고 마는지

그때마다 하늘은
순명하라 순명하라지만
어찌하여 마음은 자꾸
흘러온 강물을 돌아보며
역류를 꿈꾸게 되는지

몸짓

산맥이 자신을 버리고
바다를 향해 내달리는
저 거침없는 몸짓은
자기를 낳아 준 어머니를
찾아가려는 것이다

바다가 자신을 버리고
산맥을 향해 끝없이 몸부림치는
저 애달픈 몸짓은
자기가 낳은 자식을
찾아가려는 것이다

마침내 산맥과 바다가 만나는
환희의 순간, 포말을 내 뿜으며
서로 등 돌리고
다시 제 자리로 돌아서는
저 처연한 몸짓이
내 사랑이고 삶이다

우화(羽化) 하고 싶다

살아오면서
내가 뱉은 말과 행동이
나를 옥죄는 사슬이 되어
지금 나는 번데기처럼 고치 속에 갇혔다

고치의 씨줄과 날줄을
양 발목에 한 가닥씩 묶고
참회하듯 산을 오른다
한 계단 두 계단 오를 때마다
번데기가 된 내 몸에서
뿜어져 나오는 분비물 때문에
눈앞이 아득하고 숨이 가쁘다

숨을 돌리며
중턱에서 돌아본 내가 걸어온 길
폭풍우 드세고
이빨 드러내던 바다는 쾌청하고
목말라 찾아갔던 그 우물도
지금은 물소리 자랑자랑하다

고치여
나를 묶고 있는 씨줄 날줄이여
이제는 풀어주시라 나도
이제 우화 하고 싶다

근황(近況)

그대여
삶이란 이렇게 허접한가
눈뜨면 온몸으로
햇살과 바람과 사람과 부딪히면서
상처받고
목말라하면서
갈증을 덜어 줄
한 모금 물을 마시기 위해
우물가에서 버둥대다
밤이 되어
잠자리에 들면
종일 친 몸부림이 헛발질이었음이
뼛속 깊이 시리게 각인되고
어둠 속에 숨소리만 흐르는
그런 텅 빈 몸짓이
요즘 내 삶이다
그대여

내 안의 허깨비

내 안에 허깨비가 있다
나도 모르는 허깨비가 산다

그는 변덕쟁이다
비바람을 몰고 와
종일 온몸을
공포에 젖도록 하다가
어느 순간 가을 하늘을 보여주기도 한다

그는 야누스인지 모른다
웃음과 눈물, 콧노래와 탄식의
두 얼굴을 번갈아 보여주면서
보이지도 만질 수도 없는
마음의 문을 지키는 수문장인지 모른다

그러나 걱정하지 않는다
내 안의 또 다른 내가
그를 알아보는 순간
문밖으로 줄행랑치는 그는
어릿광대고
태풍 지난 뒤
빌딩 숲에 잠시 걸리는
무지개기 때문이다

딛고 선 지반(地盤)

가부좌 틀고 앉아
내 안을 가만히 들여다보면
느낌도 생각도 사라지고
밑바닥에서 발딱이는 건
오직 들숨과 날숨뿐
이 숨소리 잦아들면 다음 생이고
느껴지면 살아있는 것이라니
삶과 죽음이 얼마나 하찮은 것이냐

이런 들숨과 날숨에 기대어
온갖 욕망을 불어넣고
웃고 울며
그동안 얼마나 많은 낮밤을 보챘던가
잦아드는 숨소리 문득문득 떠올리며
또, 얼마나 많은 공포의 밤을 지샜던가

희망도 절망도
슬픔과 기쁨도
생각의 고인 물 다 퍼내고 나면
우물 밑바닥에는

오직 들숨과 날숨뿐이라니
내가
내 삶이 딛고 선
지반(地盤)이 얼마나 부실한가

그림자와 함께

죽음은 그림자
살아있다는 생각이 드는 순간
득달같이 따라붙는 불청객이다
가사, 그림자가 오늘 나를 집어삼킨들
내가 그를 어쩌겠느냐
아직도 내가 누군지
사는 것이 무엇인지도 모르겠는데
그림자까지 걱정할 겨를이 없지 않느냐
다만, 그림자와 함께
오늘 하루도 밥 먹고 숨 쉬고 똥 누고
그렇게 살아갈 뿐인데
없는 나를 그림자인들
제가 감히 어쩌겠느냐

내 집 마련

처자식 이끌고
부평초처럼 셋방을 떠돌다
13평짜리 시영아파트를
그것도 불혹의 나이에
내 이름으로 처음 등기하고
대장부 살림살이 이만하면 족하다 싶어
농익은 석류알처럼
꽉 찼던 남루한 기쁨을
너는 맛본 적이 있느냐?
그것은 돈으로 살 수도
책으로 배울 수도
권력으로도 움켜쥘 수 없는
벌거숭이로 이승에 태어나
곧이곧대로 살아온 자만이 누릴 수 있는
농밀한 생(生)의 축복

지금 여기

설원에서 떨고 섰던
시린 발가락도
홀로 선 외로움도
모두 지나간 상처일 뿐인데

그 상처를 잊자고
여명 속에 해돋이를 보러 가는
이 설렘도 다가가면
빛 속에 사라지는
한갓 신기루일 뿐인데

무엇을 더 슬퍼하고 기뻐하랴
나는 지금 여기
이렇게 있을 뿐인데

내가 남길 것은

육탈되고 뼈만 남은
나뭇가지에 사리가 열렸다
감나무는 주먹만 한 홍시 사리를 자랑하고
산벚나무는 건포도를 닮은
버찌 사리를 내보이며 부끄러워한다
입이 가벼운 밤나무는
알밤 사리가 채 여물기도 전에
나불거리는 바람에
숲으로부터 그간의 수행을 의심받고
봄부터 화냥기가 있었던
단풍나무는 자색 옷으로 갈아입고
갖은 교태를 부린다 이렇게
나무도 사리를 남기는 계절에
내가 남길 것은
늘어난 몸무게와 세상에
갚지 못할 빚뿐이다

내가 어떻게

내 안에 천지(天地)가 없다면
내가 어떻게
하늘과 땅을 구분할 수 있으랴

내 안에 오늘이 없다면
내가 어떻게
어제와 내일을 말할 수 있으랴

내 안에 애증(愛憎)이 없다면
내가 어떻게
사랑과 미움을 알 수 있으랴

무시이래로
강물처럼 흐르는 그것들이
내 안에 없다면
내가 어떻게
느끼고 사랑하고 말할 수 있으랴

벽이 없네

아침에 먹은 쌀밥이
살이 되고 피가 되었으니
쌀과 살은 다르지 않네

창밖에 우는 귀뚜라미 소리
방 안에 있는 내 맘을 흔드니
그 소리 둘이 아니네

지금 읽고 있는
고전시가인 〈헌화가〉를
내가 좋아하니
꽃을 꺾어 수로부인에게 바친
천 년 전 그 늙은이와
내 마음이 다르지 않네

이렇게 벽을 허물고
천년 세월을 가로질러
마주 보고 있는 너와 나의
몸과 맘은 벽이 없네

그렇게 있을 뿐

그냥 그렇게 있을 뿐인데
벚꽃이 피더니
새순이 돋고
잎이 무성해지더니
벌써 잎 지고
버찌가 풍욕을 한다

버찌와 벚꽃이
같은 것이겠느냐
그렇다고 다른 것이겠느냐

벚꽃이 버찌로 변하듯
검은 머리가 흰 머리로 변하는데
백발과 흑발이
다른 것이겠느냐
그렇다고 같은 것이겠느냐

그동안 가고 온 것은
오직 계절뿐
간 자도 온 자도 없이
나는 그냥
그렇게 있을 뿐인데

제2부

징검돌 건너기

오솔길

아무도 모르는
산속에 숨겨둔 정부(情婦)
그 여자는 소나무 숲속에
나무가 되어 나붓이 엎드려 있다

향수 대신 솔향을 뿌리고
아침 이슬로 세안하는 자연미인
그녀는 종일 산토끼나 다람쥐 같은
산짐승의 길동무가 되어 주면서
그들의 행방을 함구하는 속 깊은 여자다

어쩌다 한번 찾아가면
반가우면서도 내색하지 않고
고개 숙이며 얼굴만 붉히는
구닥다리 첫사랑 같은 연인
그러나 속물들의 발자국은
결코 허락하지 않는
정절의 여인을 숲속에 숨겨두고
나 혼자 만나러 다닌다

배경

매일 다니던 산책길인데
오늘은 반송(盤松)이 반갑게 손 흔든다
눈여겨보니
이번에는 그 곁에 선
쑥부쟁이가 저요 저요 외치며
고개를 홰홰 흔든다

숲에서 배경으로만 있던
반송과 쑥부쟁이가 나서는 걸 보니
오늘은 지들이 전경이 되고 싶었나 보다
우리는 누구나 전경이 되고 싶다
저기 저 반송의 배경은
꽃이거나 풀잎일 것이고
그러면 쑥부쟁이의 배경은?
괜히, 생각이 여기에 미치자
만물의 영장이라는 내가
반송과 쑥부쟁이와 한통속인
생명이라는 배경에 묶인다

저것들과 내가 같은 생목숨이라니
순간, 감전이라도 된 양
가슴 찌르르하다 그런데

사람이라는 너무 닮은 배경을 가진
너와 나 우리는
배경을 잊은 지 너무 오래

엄풍시하(嚴風侍下)

파랑주의보가 내리자
엄풍시하의 바다는
몸서리치는 파도를 만들어
바람에게 대들고 있다

몇 개의 큰 파도가 고함을 지르며
뭍으로 탈출을 시도한다
바람은 파도의 가출을
눈감아 주는 척하다가
발이 뭍에 닫는 순간
회오리바람을 일으켜 잽싸게
파도의 뒷덜미를 낚아채
바닷속으로 끌고 들어간다

그래도 멈추지 않는 도로아미 파도!
그것이 너의 숙명이다
무변한 바다도 때로는
바람의 손바닥 안에 있다

달팽이 생각

눈 뜨면 휴대폰에 성호부터 긋는다
빗장이 풀리면서 창이 열리고 신이 나타난다
신은 달팽이 예민한 더듬이로 낌새를 챈다
더듬이에 지문이 닿기만 해도
간밤에 있었던 사건사고 날씨
오늘 할 일, 심지어 하루 운세까지 일러준다
그러면 경배하고 새벽기도를 끝낸다
달팽이는 쉬지 않는다
천체와 24시간 교신하면서
자신들이 구축하는 환상제국에
신도들이 더 많이 더 깊이 귀의하도록
전도 활동을 멈추지 않는다
사람들은 점점 달팽이 주술을 믿고 의지한다
달팽이가 없으면 나도
전화번호는 난수표
길 찾기는 이방인
혼자 있으면 섬이 된다
모든 기억을 달팽이가 가져갔다
달팽이가 생각한다
고로 내가 존재한다

철새 탐조대

길이 끝났다
을숙도 남단에서
자동차도
자전거도
발자국도 더 이상
재겨 디딜 틈이 없다

뭍과 물이 갈바선*
벼랑 끝
길이 끝나고 시작되는
경계에 토치카가 섰다

'철새 탐조대'라는
위장 간판을 달았지만
지상에서 길을 잃은 사람들이
영원으로 가는 길을 찾기 위해
재갈매기 비행술을 염탐하는
전초(前哨)임이 분명하다

*갈바선 : '서로 등을 대고 서다'라는 부산 사투리.

가등(街燈)

어둠이 들어야만 작동하는 블랙박스
우리 동네 골목에
줄지어 서 있는 벅수다
누군가 제 발등에 영역표시를 하고
허리춤에 스티커로 낙서를 해도
하늘만 바라보고 있다
언젠가 앞집 총각이
그림자 속에 숨어
몰래 입맞춤할 때도 눈길 한번 주지 않고
제 발등만 바라봤다
바보임이 분명하나
혼자 미로를 밝히고 있으니
아리아드네의 실인지 모른다
신탁이 내렸을지 모를
저 블랙박스를 해독해 보면
우리가 걸어온 길을 읽고
돌아갈 길도 보이지 않을까

가면

책도 화장하더라
때로는 여자보다 더 화사한
색조 화장을 하고 눈웃음까지 치더라
표지가 옷이라면 제목은 얼굴
같은 값이면 다홍치마라 했던가?
그 말만 믿고
간택했다간 낭패를 보게 된다
아들아, 부끄럽지만
애비는 지천명(知天命)이 넘어서야
겨우 목차가 보이기 시작하더라
목차요? 그래, 속옷이지!
속옷까지 보고 나면 볼장 다 본 거 아닌가요?
웬걸, 시집은 처녀더라
속옷까지 훔쳐보아도 오리무중
숫처녀일수록 어디로 튈지 몰라 애간장 녹인다
어르고 더듬고 노크하기 수십 번
그러면 빼꼼 문 열어준다
우리가 사는 세상은
책도 시집도 화장을 하고
사람처럼 가면을 쓰더라

봉투

마른 햇살이 부서지는 아침은
밤이 내게 펴 보라고
보내주는 봉투

아침 식탁에 놓인
밥과 된장국 나물도
보이지 않는 논밭에서
보이지 않는 손발이
내게 베풀어 주는 봉투

예식장에서 장례식장에서
너와 내가 주고받는
하얀 봉투는 우리의 얇디얇은
또 다른 밥숟가락

이렇게 우리는
누군가와 끊임없이
봉투를 주고받으며 하루를 산다

매미

뿌리에서 열공*하던 애벌레
드디어 마침내 기어이
천상의 우듬지에 올랐다

점잖게 익선관(翼善冠) 쓰고
쑤왈 쑤왈 쑤왈하길래
율(律)하는 줄 알았는데
가만히 듣고 보니 이번에는
쒸발 쒸발 쒸발한다

허 참, 저놈은 필시
율(律)을 욕으로 잘못 배운
검새*거나 기레기*일 거라고
속으로 지레짐작만 하는데
이번엔 또
쥐랄 쥐랄 쥐랄해댄다

매미 지청구를
한참 듣고 나서야 알았다
내 안에 여러 마리 매미가 살고 있음을

*열공 : '열심히 공부하다'를 줄인 속어.
*검새 : 일선 경찰들이 검사를 비하해 부르는 말.
*기레기 : 수준 낮은 기자를 비하해 부르는 속어로 '기자'와 '쓰레기'를 합성한 조어.

징검돌 건너기

마주 보면
앞을 가로막는 벽도
돌아서면 때로는 등 기댈 수 있는
비빌 언덕이 되네

내가 건너온 강
미끄러운 징검돌도 그렇네

그동안 건너왔던
물때 낀 징검돌들이
야속하고 꼴 보기 싫어
뒤돌아보지 않고 살아왔네

남루하고 비루한 흙탕물 속에
오늘 내가 발 디디고 선
징검돌을 바라보니
여기까지 날 업고 온 것도
얄밉고 서러운 그 징검돌들이었네

여기까지 생각이 미치자
마음 한결 너그러워지고
그래그래, 산다는 건

징검돌 건너기지 뭐… 하면서
우물쭈물 어제의 징검돌도
등 기댈 수 있는 징검돌이라 생각하니
내일 디딜 징검돌도 은근히 기대되네
산다는 건 징검돌 건너기

바퀴

나는 바퀴가 아닌지 몰라
어딘가를 향해 굴러가는 바퀴
그렇게 구르다 멈추면
뼈와 살은 흙으로
애달픈 피와 담즙은 물로
가슴의 뜨거움과 그리움은 불로
숨소리와 쓸쓸함은 바람으로
돌아갈지 몰라
영혼도 육도를 맴돌다
삼도천을 건너는 강가에서
성근 갈꽃이 되어 서성거리거나
저 먼 행성으로 날아가
네 머리맡을 비추는 별이 되거나
좋은 인연을 만나면 다시
바퀴가 되어 너를 싣고
이승을 구를지도 몰라

암전(暗轉)

저잣거리가 무대이고
부대끼는 하루하루가 연극이라면
잠 못 드는 밤은 암전

조명이 나가면
배우들은 저마다 분장을 지우고
오늘 내가 맡은 하찮은 배역과
관객들의 반응에 고개를 떨군다

배우는 얼굴이 생명이라는데…
무대 뒤에서
거울을 찾아 배회하지만
어둠은 결코
민낯을 보여주지 않는다

늙은 광대의 얼굴에
그늘이 번지고
술잔에 하현(下弦)이 뜨는
암전은
연극이 발효하는 시간

낙과(落果)

떫고 서러운
초복의 기운을 이기지 못하고
배꼽을 드러낸 채
길바닥에 발라당 드러누워 버린
땡감 한 알
감나무 진영을 이탈한 탈영병이다

풋내 나는
탈영병은 몰랐을 것이다
중복의 화염 속에 불혹을 버리고
입에서 군내 나는 말복에
자신마저 놓아야 비로소
하늘이 보이는 지천명에 이른다는 것을
그리하여 마침내 귀마저 순해지는
상강 무렵에
해조음 소리도 들리는
한 알의 홍시가 된다는 것을

묵조(默照)

어라? 홍등이 켜졌다
저 자리는 가로등이 있을 자리도 아닌데
운동장 구석에 화안하게 불이 켜졌네
아무도 눈여겨보는 이 없건만
감나무는 한해 꼭 한번
이맘때 저렇게 홍등을 켜 든다
저 등이 켜지기까지
감나무는 혼자서 감꽃을 피우고
땡감을 맺고 그리고
영문도 모른 채
온몸에 땡볕을 쏘이고
천둥소리에도 흔들리지 않는
견인주의자가 된 후
비로소 제 발등을 비추는
홍등 몇 개를 켜 들게 되었을 것이다
저 등불마저 꺼지는 날
감나무는 혼자서 또
겨울 고독 속에 고된 한살이를 매듭짓고
다시 새순을 내고 감꽃을 피울 것이다

티눈

여기까지 나를 끌고 온 발
그 왼발 네 번째 발가락에 옹이가 생겼다
안으로 자라는 나이테처럼
고통을 살 속으로 숨기는 상처가 생겼다

다섯 발가락 모두 나란히 체중 받으며
있는 듯 없는 듯 자갈길을 걸었는데
지금까지 아무 말 없다
이름도 없는
네 번째 발가락이 말썽을 부린다

자신을 알아 달라고
한번 쳐다봐 달라고 앙탈을 부리는 것일까

무릇 모든 상처가 그러하듯
지금 내 발가락은
무관심과 방치의 후유증을 앓고 있다

부부라는 두 바퀴

부부로 산다는 건 자전거 타기
오르막이건 내리막이건
앞바퀴 뒷바퀴가 같은 방향
같은 속도로 자륵자륵 흐르도록
서로에게 보조를 맞추어 주는 것

위태위태하면서
넘어지지 않는 이유도
앞바퀴와 뒷바퀴가 서로의
존재 이유가 되어주기 때문

계단 오르기 게임

가위바위보
가위바위보
이번에는 내가 이겼다
오랜만에 한 계단 오른다

또다시 질러보는
가위바위보, 가위바위보
십중팔구는 제자리걸음
질 때마다 눈에 밟히는
딸내미의 머루알 눈동자
대출 이자에 쫓기는
여편네의 찢어진 샌들

여기서 포기할 순 없다
질 줄 알면서 수없이
가위바위보를
내밀어야 하는 샐러리맨
사원에서 과장까지 겨우
두 계단 오르는데 다리가 떨린다

계단 끝에 누가 기다리는지
뻔히 알면서 포기하지 못하는
삶이라는 중독성 강한
계단 오르기 게임

느낌표 숲

수많은 물음표로 얽혀 있는
가시덤불, 험산을 종일 헤매다가
해 질 녘에 다다른 계곡

산기슭에서 만나는 편백나무
그 밀식된 느낌표 숲
얼마나 다행인가

산길이 끝나
마침표를 찍어야 하는 지점에서
그렇게 고대하던
한 그루 느낌표가 되어
스스로 편백나무 숲이 되는
황홀한 지점

제3부

숲이 화장을 고치면

동백꽃 연가

꽃샘바람에 떨고 서 있는
고집 센 아가씨

들꽃이 난장을 이루던 사월에도
벌 나비가 무도회를 열던 오월에도
바다만 바라보던 철없던 계집

모두가 격정에 몸을 떨던 팔월에도
작은 결실을 맺고
하나둘 고향으로 돌아가던 시월에도
바다를 향해 소라 귀를 열어 놓고
무적(霧笛)소리만 기다렸을 뿐
너는 아무 말이 없었다

지금은 빈 가지로
남아 있어야 할 계절
잡은 손도 놓아야 할 맹춘(孟春)인데
바람 언덕에 서서
수평선을 바라보며 붉게 토해내는
너의 황홀한 고백
대책 없는 부산 가시나

영등할망이 피운 매화

육탈된 시조새 날개 죽지에
봄비를 몰고 온
영등 할망이 며칠간 머물렀다

뼈마디 마디 ㅇㅇㅇㅇㅇ
턱걸이하던 물방울들은
드디어 우화(羽化)하기 시작했다

백일동안 동굴 안에서
마늘과 쑥만 먹던 곰이
웅녀로 환생하듯이
겨울눈[冬芽] 속에 꿈꾸던 애벌레가
생명수를 마시고 나비로 환생한 것이다

바람 불자 뼈마디마다 분분한 날갯짓
어둠 속에서 빛을 찾아 난생(卵生)한
봄의 난만한 웃음
매화

회춘(回春)

우리 동네 개나리는 강태공인가
아파트단지 옹벽에 수천 개의 주낙을
휘영청 던져놓고
겨우내 칠현금만 탄주한다

태공의 연주를 알아듣는 이는
구경꾼으로 옹벽 위에 줄지어 서 있는
멍텅구리 벚나무 몇 그루와 나뿐
동네 사람들은 아무도 귀 기울이지 않는다

지들이 무슨
백아와 종자기라도 되는 양
겨우내 주거니 받거니 끄덕끄덕하더니 글쎄
동풍에 갯비린내가 묻어오고
얼음이 풀리더니
어느 날 벚나무는 온몸에 흰 열꽃이 열리고
태공의 낚싯줄에는
노란 피라미들이 마디마디 열렸다

우수(雨水) 무렵

지하혁명이 모의 되고 있는
첫새벽, 망설이는 어둠과
식전바람만으로는
모반을 잠재울 수가 없다

지하 막장에서
겨우내 암약하던
얼굴 없는 뿌리들은
입춘 무렵부터 스크럼을 짜고
동지들을 모으기 시작했다

은밀하고 절절한 목소리에
화답이라도 하는 양
지구 심장부에서 뜨거운 혁명지지를 보내오자
격정을 이기지 못한 매화는
혁명군이 오기도 전에
계획을 누설하고 말았다

꽃샘바람의 무자비한 진압!
그러나 봄의 혁명은
끝내 막지 못했다

목련 꽃불 아래서

바다로 가는 언덕에
샹들리에가 켜졌다
우리도 한번 잔치를 하자
귀부인도 턱시도도 올 리야 없지만
남루했던 우리의 청춘
눈길 한번 주지 않고
스쳐 갔던 인연들 그리고
바다로 간 후 돌아오지 않는 사람들
그들을 모두 불러
한 자리에 앉혀놓고 잔치를 하자
저기 저 눈부신 목련 꽃불이
겨울 끝자락에서 켜졌듯이
우리도 언 땅에서 돋아난 꽃이 아니더냐
우리가 비록 눈곱쟁이만 한 풀꽃일망정
저기 저 목련 꽃불 아래서
우리의 색깔
우리의 몸짓으로 노래 부르며
우리도 모꼬지를 하자

불이 되다

금정산에
혼자 사는 벚나무
오늘 다비식을 한다
백탄으로 타오르는 잉걸꽃
저 꽃불의 전생은
물이었다
피가 용오름 하면서
햇볕에 온몸이 달았던
지난여름 이파리들은 혈흔으로
겨울눈을 만들어
가지마다 묻어 두었다
나무가 빈 가지로
숲에 홀로 섰을 때
해인(海印)을 꿈꾸던 겨울눈은
상고대 속에서도 꺼지지 않았다
얼음 주술이 풀리던 날
물은 꽃불로 돋아나
봄눈처럼 짧은 생을 살다
떼 지어 열반에 들고 있다

잔인한 수채화

길바닥은 캔버스
봄비가 그림을 그리면
우산 쓴 노점은 철쭉이 된다
여리디여린 하얀 꽃잎
그 아래 펼쳐진 연두색 이파리들은
봄동 시금치 돌미나리…
손녀 회비 걱정에
비 오는 날
길바닥에서 돈을 사야 하는
할머니는 우산 속에서
삭정이 무릎을 가슴에 대이고
등 굽은 벌레처럼 웅크린 채
지나가는 발자국을 세고 있다
봄비는 잔인한 화가
산다는 것이 무엇인지
꼭 저렇게 길바닥에
그림으로 전시회를 해야 하나

손녀

별이 들어도
바람이 불어도
날개를 팔랑이는 네 살

이 꽃 저 꽃을 옮겨 다니며
웃음소리 쟁쟁쟁쟁
풀밭을 화안이 밝히는
노랑나비

불온한 사월

숨구멍으로 남겨둔
웅덩이마다 불온한 안개가
피어오르는 낙동강 둔치

물웅덩이에서
허리가 꺾인 채로
몸져누운 갈대숲 사이로
새싹들이 죽순처럼 궐기하고

물속에서 겨우내 암중모색하던
수련은 연두색 접시안테나를
수면에 방울방울 올려놓고
벌판 정세를 염탐하고 있다

이렇게 사월은
벌판도 혁명을 꿈꾸게 하는 달
윗동네 대저 벌판은 이미
유채꽃 세상이 되었다

고래 가로수

간판 가린다고 머리채 잘리고
발가락 삐져나온다고 전족(纏足)까지 당한
우리 동네 멍텅구리 벚나무 가로수
떠돌이 개가 영역표시를 할 때도
하늘만 쳐다보던 바보는
그래도 몸에 피가 돌고 있었는지
삼월이 오자 삭정이 가지 끝에
겨울눈[冬芽]이 눈을 뜨기 시작했다
먼 우주에서 걸어왔는지
핏발선 눈동자 젖은 홍채는
애써 봄을 찾고 있었다

그런데, 바람 부는 어느 날
알고 보니 벚나무 가로수는 고래였다
하얀 꽃잎을 분수처럼 뿜어대며
고해(苦海)에서 춤을 추는 혹등고래였다

오월

봄비를 맞더니
야들야들한 연두색 이파리
그 어린 것들이 화장을 한다
얼굴에 나 있던
보소송한 솜털도 밀어 버리고
햇볕을 유혹하는 짙은 녹색으로
화장을 고친다
침 흘리며 태양을 유혹하는
저 관능의 혓바닥들

오월의 숲이 화장을 고치면
나는 온몸이
열꽃으로 타오르기 시작한다

망중한

앞산 그림자 내려와 있는
은행나무에 등 기대고 서서
장승이 된다
낮잠에 빠져든 우듬지에서
갑자기 터져 나오는 절규
가마솥보다 더 뜨거운 아우성은
뿌리에 갇혀 묵상하다
득음한 소리꾼이 지상으로 올라와
모처럼 질러 보는 소리
참매미 끝없는 새실[辭說]을
산 그리매와 함께 해 질 녘까지 듣다가
문득 가슴 속에 키우던
유충의 우화(羽化)를 기다리며
낮달이 되어 버린 사나이
맑은 눈으로 하늘에 찍힌
발자국 세고 있다

참

빌딩 모퉁이를 벗어난 뒤
숲에서 느티나무를 만나
수인사(修人事)로 부둥켜안는다

터진 등피에 가만히 귀를 붙이면
뿌리가 젖 빠는 소리 들리고
내 피가 요동치며 용오름 한다

땡볕에 몸이 단 우듬지는
혓바닥으로 햇살을 핥으며 침 흘리고
매미는 부채질이 한창이다

참
오랜만에
사람과 나무가 한 몸 되어
숲이 되는
참

입추 아침에

여름이 서러운 곡비
매미 울음소리 처량하다
어젯밤에도 날파리 모기 같은
성가신 조문객들이 끊이지 않았는데
아침에 일어나 문득
달력을 보니 오늘이 입추

입추라니
아직 문상객들 발걸음 멈추지 않고
곡비들 통곡소리 창창한데
입추등(立秋燈) 내 걸라니
말이 되는가
우리에게 언제 여름이 있었던가
땡볕과 갈증
끝없는 모래바람만 불었지
제대로 된 여름이 하루라도 있었던가?

허덕이며 땀만 흘렸지
아무것도 이룬 것이 없는데,
아직 준비가 안 됐는데, 빈손인데…
벌써 여름을 보내야 하다니
곡비들 울음소리
예사롭게 들리지 않는 입추 아침

행복한 눈물

우리 동네 사거리를 지키는
고지식한 은행나무
초봄부터 기습한 매연과 황사에도
아랑곳하지 않고
새파란 이파리 소름처럼 돋아나더니
여름에는 울울창창한 가지들을
매미들의 라이브무대로 내어주고 또
한로(寒露)가 지나자
거리를 지나는 사람들에게
전단을 나누어 주듯
노란 가을 엽서를
한 장 또 한 장 나누어 주고 있다

그 엽서에는
뜨겁게 여름을 산 사람들
눈에만 보인다는 그림
〈행복한 눈물〉*이 그려져 있다

*행복한 눈물 : 로이 릭텐스타인(1923~1997)의 유화.

가을의 기도

저마다
다른 색깔로
물 들어가는 가을

단풍나무는
올해도 변함없이
붉고 화려한 옷으로 갈아입었다

가만히 보니
바람에 흔들리는
단풍나무 안에는
에밀레종에서 보았던 여인
두 손 모아 무릎 꿇고
누군가를 향해 간구하는
비천상의 모습이 보인다

무엇일까?
저 여인이 간구하는
이 가을의 기도는

낙엽엽서

서리가 내리기 시작하자
가로에 서 있던 플라타너스가
밤마다 편지를 쓰기 시작한다

봄비 소리와 유채꽃 소식은
노란색 이파리에 적고
실크로드를 달려온 천둥소리는
갈색 잎에 적는다

푸른색이 남아 있는 잎에는
덕분에 한철 잘 살았다고
고맙다고 가지에게 보내는
마지막 인사도 잊지 않는다

아침이 오면 소슬바람은
밤새 써놓은 엽서를
한 장 또 한 장
지상으로 나르기 바쁘고
보도를 지나는 사람들은
우표에 소인하듯 그렇게
엽서에 발자국을 찍으면
사람들 마음속으로 가을이 배달된다

가로수들의 무도회

입동 지나
찬 바람 불자
리듬에 맞추어
캉캉을 추는 거리의 무희들

뜨거운 여름을 보낸
댄서의 붉은 치맛자락에서
캉캉 쏟아지는 정염의 비늘들

가로를 쓸며
종일 방황하다
저녁노을과 함께
서쪽 하늘로 사라지고

나부(裸婦)가 된 무용수들은
무도회가 끝난 텅 빈 거리에서
저마다 하늘을 향해
경건히 팔을 벌린다

제4부

깊고 푸른 그곳

바람의 노래

내가 태어난 바다
잠들지 못하는 동해를 떠나지 못해
설악을 떠돌던 바람이었다
하늘과 벼랑길
소나무와 멧돼지까지 모두
재 너머 동해를 연모하던 장수대
그 이끼 낀 계곡에서
소나기와 함께 콰르릉콰르릉
산마루로 내달리던 비바람이었다
빗방울의 운명을
동해와 서해로 가르던 한계령
그 칼날을 딛고 다시 떠돌이 바람이 되었다
설산에서 펄럭이는 룽다를 읽다가
물비린내 향수를 어쩌지 못해
만년설 녹은 계곡물을 따라
난바다로 나가 날 선 파도를 일으키며
칼춤을 추다가 다시 설악산
죽음의 능선으로 돌아와
보이지 않는 해인(海印)
샹그리라를 찾아 떠돌던 넋을 잠재우며
서성이는 골바람이 되었다

학리등대

동해안 남단
학리 포구에 서 있는 등대는
각시붓꽃, 왼쪽에는 선홍색
오른쪽에는 소복한 붓꽃이
저 혼자 피어있다

숱하게 포구를 드나들면서
꽃이 그렇게 피어 있는 까닭을
알려 하지 않았다

폭풍이 몰려오던 밤에도
전마선이 돌아오지 않던 새벽에도
꽃은 날밤을 새우며
저 혼자 그렇게 피어 있었다

눈이 어두워지고
지남침을 잃은 후에야 알았다
꽃이 그렇게 피어 있는 사연을
고향집 삼거리 길섶에도
각시붓꽃 한 송이
늘 그렇게 피어 있었다

말 한 포기

딱정벌레 같던 한자를
한 마리 두 마리 줍고 배우면서
그리고 그 짧은 낱 글로
밥 빌어먹고 살면서
태극기와 함께 늘 가슴을 짓누르던
바위 같은 말씀들
'근면성실 創意革新 Clean'

겉 다르고 속 달랐던
묵직하던 그 짱돌들 치우고 나니
아직도 가슴 밑바닥에 눌어붙어
살아 숨 쉬고 있는
흔하디흔한 돌나물 닮은 말 한 포기

그 옛날 못난 자식 고향 떠나던 날
동구 밖에서 거미 손 흔들며
홀어머니가 하시던 마지막 그 말씀
야야, 단디해라

한가위 날에

흑백필름 속 새 동네
배꼽마당을 지키던 젊은 감나무가 쓰러졌다
대청마루에 진설 됐던
아버지 차례상까지 비바람이 올라왔다
사천왕을 닮은 사라호태풍이라 했다
무엇이 그렇게 애달팠으랴
비바람은 그냥 제 갈 길 가면 그만인데
그날 이후
황토 재 넘어
길 떠난 어린 보부상 가슴에는
해마다 추석이 오면
비바람과 함께 한사리가 들고났다

물이 나간 개펄에 널브러진 초가지붕, 조롱박, 보름달, 뒷동산, 소나무, 그네, 송편, 성묫길, 운동화, 참새, 그리고 어머니… 해마다 개펄에 늘어나는 캘 수 없는 조개들로 몸살을 앓았다

이제는 기억할 개펄조차 잃어버린 늙은 보부상 올해는 갯바람에 지중해까지 등 떠밀려 낯선 국경선 너머에서 혈육을 찾아 서성거린다

동물원에서
— 기린에게

우리에 갇힌 채
먼 산을 바라보고 선
큰 키 젖은 눈동자에
세렝게티가 보인다
큰 눈 껌벅거리지 마라
너와 나는 같은 눈을 가졌다
돈이 너를 가두었다면
밥은 나를 가두었다
사육사가 던져주는 푸성귀에
너는 초원에서 부는 바람 냄새를 잃었고
저잣거리에서 밥을 구해야 했던 나는
황토 냄새가 기억나지 않는다
먹고 사느라
가장 귀한 향기를 잃어야 했던 우리는
우리에 갇힌 도시의 기린

동행가

우리는 서로가 촛불이었다
그믐밤 산길을 걸으면서
너는 나에게
나는 너에게
발밑을 비추어 주는 촛불이었다
서로의 얼굴도 모르면서
서로에게 횃불이 되어 주지 못한 것을
자책하지 말자

거센 바람 앞에 심지를 돋우며
촛불을 꺼트리지 않기 위해
조마조마 밤길을 걸었던
우리가 아니더냐?
그러면 되었지 무슨 섭섭함이 있겠느냐

점점 여명이 밝아오고 있다
불안과 고통 속의 동행도
끝낼 때가 되어 간다
여태까지 우리가 한 번도
보지 못한 아침이 오면
촛불이 무슨 소용이겠는가

그러나 네 얼굴을 볼 때까지
나는 촛불을 들고 있을 것이다

풍선 인형

어제는 개업하는 국밥집 앞에서
온몸을 비틀고 아양을 떨더니
오늘은 시장 골목
그것도 화장품 가게 앞에서
발정하며 갖은 교태를 부린다

내일은 또 어디 가서
남색을 팔아야 할지 모르는
골 빈 풍선 인형을 두고
사람들은 저마다 손가락질하며
에라이, 쓸개 빠진 놈!
낄낄거리고 있으나
나는 차마 눈길도 주지 못한다

살아남기 위해
나를 버리고 또 버려서
마침내 줏대마저 코를 풀 듯
가볍게 풀어버린 나는
그동안 아무 그릇에나 담기는
물처럼 살아왔으니
너와는 동색(同色)

꽃인 줄 몰랐네

개울가에 핀 물봉선화
지날 때마다 고개 숙여
꽃인 줄 몰랐네

개울 따라 강 따라
먼 길 흘러와
저물녘 바닷가에서 돌아보니

개밥바라기별이 되어
서쪽 하늘에 반짝이는 꽃

지금까지 나를 따라온
첫사랑이었네

부산역에서

뭍과 물이 갈바선*
부산역은 기수역(汽水域)

수평선을 찾아 떠나는 사람들과
빈손으로 귀향하는 사람들의
발자국 소리가 늘
해일로 출렁거린다

해무에 갇혔던 기차는
무적(霧笛)소리 한번 길게 울리며
한 마리 연어가 되어
강을 거슬러 오르기 시작하고
깊고 푸른 그곳
심연으로 가는 늙은 이방인은
마지막 밤차에 몸을 누인다

* 갈바선 : '서로 등을 대고 서다'라는 부산 사투리.

동해 일출

누군가 어둠의 꼬리를 물자
검은 바다가
울컥 토해내는 여의주
빙빙 도는 붉은 구슬에서
쏟아지는 불화살은 바다로
태백산으로 번진다

불길에 놀란 딱따구리들은
하늘로 솟구쳐 오르고
등뼈부터 타기 시작한
산불은 먼바다로 번져
어부는 붉은 바다에 그물을 내린다

빛이 어둠의 꼬리를 무는
황홀한 순간
나그네도 걸음을 멈추고
함께 타들어 간다

실크로드에 서다

낙타가 대륙에 박아 논 재봉선
해진 침선 따라 서역엘 갔더니
투루판 바자르* 그 낯선 동네에
낯익은 사람 살고 있었다

길고도 먼 길
끝에서 만난 그림자
전생의 어느 길목에서 헤어졌는지
어머니였는지 누이였는지
와락 껴안아 주고 싶은 사람

천도복숭아 좌판 앞에 앉아 있는
깊은 눈 쪽을 찐 머리는
내게 할 말이 있는 듯
회색 눈동자 이슬에 젖어 있다

지친 사막은 등불 켜는데
끝내 얽힌 매듭 풀지 못하고
다시 실크로드에 서서
재촉하는 바람을 따라가는 이방인

*바자르 : 이슬람 문화권의 전통시장.

주문진항에서

새우등으로 굽은 동해안
그 속에 실핏줄처럼 번져간 해파랑길*을
오륙도에서 시작하여
걷고 또 걸어 도착한 주문진항
수산시장 포차(布車)에서 털어 넣는
막소주 한 잔은 텁텁한 길목을 적시는 가을비

산이 있어 산에 오른다는
어느 철없는 산꾼의 말처럼
길이 있어 길을 걸었을 뿐
왜 걸었는지도 모르는 철부지

안주를 시키자 주모는
새우에게 하얀 수의를 입혀
기름 솥에 튀겨 내놓는데
깡 소주 때문에
심연에서 평생 허리 구부리고 살았을
새우만 속절없이 화탕 지옥행이다

깡 소주와 새우가 만나는
목마른 길은 말이 없고

칸델라 불빛은 점점 야위어 가는데
길에는 길이 보이지 않는다

*해파랑길 : 부산 오륙도해맞이공원을 시작으로 강원도 고성 통일전 망대에 이르는 초광역 동해안의 문화생태 탐방로.

슬픔의 우물
— 우루밤바 계곡*에서

흐르네, 천상에서 계곡으로
별꽃이 무리 지어 폭포처럼
부서져 협곡으로 흐르네

범람하는 별꽃 속에
〈성어거스틴(Saint Augustin)〉이란 이름처럼
성스럽지 못한 객사 한 송이
별꽃으로 외롭게
우루밤바 계곡에 피어 있네

뒷문을 밀치면 별꽃이 광란하고
꽃잎만 한 객창 밑에는
〈엘 콘도르 파사(El Condor Pasa)〉가
주술로 흐르네

이방인이 던져줄지 모르는
동전 한 잎 기다리며
밤새도록 부는
인디오의 팬플루트 소리에
바닥이 보이지 않는
슬픔의 우물을 보았네

*우루밤바 계곡 : 페루 쿠스코에서 북쪽으로 15km 정도 떨어진 곳에 있는 신성계곡.

상처를 보다

맨살을 드러내 놓고
아침 햇살을 받으며
당당히 바다로 가는 온천천*
맑은 물 위에 반딧불처럼
강을 건너는 윤슬을 보아라
푸르게 멍든 얼룩도
피 흘리는 상처도
비바람에 씻기고 땡볕에 바래면
저렇게 아물어 새살이 차오른다
우리가 걸어온
흙바람 속의 매운 나날도
빨랫줄에 널어 눈바람에 씻기고 바래이면
저 담금 거리는 햇살처럼 빛나거늘
그대는 아는가
빛바랜 흑백사진 속 때 묻은 속옷도
어미 잃은 송아지의 눈망울도
해와 달빛에 젖고 바래면
강물에 타는 저녁노을 속
설화처럼 아련해지거늘

*온천천 : 부산의 도심 하천으로 난개발로 인해 하천생태계가 파괴되었고 1995년부터 온천천 살리기 사업이 전개되면서 생태계가 복원되었다.

부산시민공원에 가다

해방을 본 적 있는가
햇살 속 출렁이는 태극기
저기 저 자리는
일장기가 있었고
성조기가 펄럭였던
내 몸속 남의 땅*

철옹성에 갇혀
백 년 동안 숨죽이며 지내던
저기 저 밑자리
담장 허물고 만든 역사의 길

보라, 강물로 흐르는
저 길 위에
제 발자취 모국어로 새기고
지절대는 아이들 손 잡고
천년을 더 굽이쳐 흐를
시민과 함께

깨금발로 어깨춤 추는
저 얼굴에 빛나는 해방을

* 내 몸속 남의 땅 : 캠프 하야리아(Camp Hialeah)는 부산광역시 부산진구에 있던 543,360㎡ 규모의 주한미군의 군영이었다. 일제 강점기 당시 일본의 경마장, 1945년 UN기구, 1950년 한국전쟁 이후 주한 미군 부산사령부의 기지로 쓰이다가, 2006년 8월 10일에 공식적으로 폐쇄되었다. 이후 주한 미군과 반환 협상이 이어지다가 2010년 1월 27일 부산시에 반환되었다.

명예퇴직

사계절 바람 부는
가로에 선 느티나무

가지마다 청청한 이파리들
사이사이 새치처럼
노랗게 멍든 이파리 몇 개
스스로 가지를 떠날 준비 한다

매연에 그을린
넓적한 잎 궁뎅이는
땡볕에 데이고 태풍에 찢어졌지만
아직도 잎맥에는
푸른 피 강물로 흐르는데

바람 불자
자신의 이름을 지우고
한 잎 또 한 잎
흙으로 돌아가는
잎새의 아름다운 작별

이제는 안녕

허기를 먹고 자라는 키 큰 아파트들아
욕망을 마시고 달리는 승용차들아
그리고 내 흑발을 앗아간 명함들아
차창에 스치는 낯익은 풍경들아
이제는 안녕!

파도 소리에 잠 못 드는 갯마을
물가자미를 손질하느라
손톱 밑에 까만 비린내가 낀
아낙들이 봄동으로 퍼질러 앉아 있는
동해안에 숨어 있는
그 포구에 가리라
가서, 돌아오지 않는
난파선을 기다리는
물때 낀 여가 되리라

자전거 타기

자전거를 탄다
포장길 진창길을 가리지 않고
두 발로 페달을 저어 간다

바퀴와 한 몸이 될 때
비로소 자유가 되는 자전거는
바람마저 귀찮을 때가 있다
가끔, 오르막에서 누군가 뒤에서
미는 시늉이라도 할라치면
그때마다 앞바퀴는 어긋나기 일쑤

두 발로 페달을 저어야 가는
자전거를 타고 나는
사람의 힘으로 갈 수 있는 길을 가 보았다
때로는 내리막길에서
페달에 발을 떼고 핸들을 놓았다
진창에 꼬꾸라진 적도 여러 번 있었지만
이것도 내가
자전거를 좋아하는 이유가 되었다

얼마 남지 않은 길
끝까지 자전거로 완주하고 싶다

제5부

내일 아침엔 너를 위해

벽에 쓴 자서전

안창로 29번길 골목은 구겨진 휴지다
사람들이 쓰고 버린 달동네
폐지 속으로 걸어 들어가면
우리가 잊고 있는
그러나 입고 있었던 때 묻은 속옷
낯선 풍경을 만난다

범냇골에서 돼지국밥을 말았던
맛있는 손, 진시장에서 지게질하느라
찌그러진 어깨, 평생 미쟁이질로
세멘독이 든 얼굴
그런 사람들이 정말 생뚱맞게
나 이렇게 살았소 하는 듯이
문패 대신 얼굴을
구겨진 담벽에 걸어 두었다

담뱃대를 문 호랭이가
옹벽에서 걸어 나오는
이 골목에서 얼굴은 자서전이다
주어진 길만 곧대로 걸었던
한 쪽짜리 자서전 위로 봄비가 내리고
누군가 거기 붙박이로 웃고 서 있다

겨울 갈대

봄이 마려운 낙동강
하구의 대저벌은
유채꽃 잔치가 한창인데
이쪽, 감동진 나루 어름은
머리 센 가객들이 헤드뱅잉 하며
마이크를 놓지 않는다
강바람이 불 때마다
서로 몸을 부비며 아아
목청을 가다듬어 보지만
허리 꺾인 삼류가객들은
올해도 득음하기 글렀다
그래도 미련을 버리지 못하고
마지막으로 딱 한 곡만 더 불러보자며
마이크를 놓지 않는 머리 센
늙은 가수의 똥고집에
봄이 막창에서 머뭇거린다

동해남부선*을 걸으며

파도가 눈웃음으로 달려오고
햇미역이 노변에서 익어가던 길
열일곱 살 풋살구 같던 떫은 꿈과
목메인 기적소리를 가슴에 품고
완행열차가 달리던 동해남부선 철로

그동안 느린 삶을
착하고 부지런히 살아온 죄로
이제는 제 이름마저 빼앗긴
폐선 철로, 그 시든 동해남부선을
마른 풀잎 된 우리가 뉘엿뉘엿 걷는다

우리도 이제야 알았다
산다는 건
선로가 베고 누운
저 늙은 침목(枕木) 같다는 것을
이제는 돌아누워 목침(木枕)이 되어버린
어제의 버팀목을 밟고
녹슬고 질긴 인연
오래된 부부가 걷는다

*동해남부선 : 경상북도 포항시 포항역과 부산광역시의 부산진역을 잇는 노선이다. 2016년 12월 30일부터 동해선에 편입되었다.

심인(尋人)
— 재개발구역에서

검버섯으로 피어있던
지붕들 깨끗이 정리되고
붉은 맨살 드러낸 채
흙먼지를 날리는 3-1공구 재개발구역

불도저는 제가 땅 주인인 양
늘어지게 낮잠을 즐기시는데
여기 무리 지어 피어있던
개망초들 어디로 갔나?

개망초도 꽃이냐
꼴값 좀 떨지 말란
포크레인 고함 소리에도
그렇게 어기차게 피어 있더니
부러진 숟가락
찌그러진 양은냄비 팽개친 채
뿌리 뽑혀 어디로 갔나?

여기까지 끌고 왔던
남루한 길 모두 갈아 엎어버리고
헌 슬리퍼 한 짝만 남긴 채
다들 어디로 흩어졌나?

늘 주머니 속에 만져지던
동전처럼 보잘것없던
터전마저 잃어버리고
어느 야산에 다시 뿌리 내리고 있나

이름 없는 여자

내 소꿉동무였던 영자는
엄마가 유산으로 물려준 이름으로
아홉 살까지 살다가
그다음 부평동 깡통시장
국밥집 오봉[御盆]*을 나르는
'오봉순'*이로 열아홉까지 살다가
참치잡이 선원과 눈 맞아
영선고개 하꼬방*에서
스물아홉까지 정숙이 오매*로 살다가
태평양인가 사모안가로 참치잡이 떠났던
서방인지 남방인지 돌아오지 않아
쉰아홉까지 깡통시장 골목에서
야매*로 입에 풀칠하고 살았던
정숙이 오매 영자는
풀쐐기보다 더 따갑게 쏘던
그 세월 안으로 삭이고
눈이 머루알 닮은 외손녀
숙희의 이름 끝 자를 따서
'희야네'라는 간판을
깡통시장 골목에 달고야 말았는데

끝내 제 이름을 찾지 못하고
희야 할매가 된 영자는
가물치 콧구녕*만 한 점포에 앉아서
오가는 사람들 바라보며
작은 등불 하나 걸어 두고 산다

*오봉 : 쟁반, 컵의 일본말.
*오봉순 : 물 잔을 나르던 식당 종업원을 비하해 부르던 속어.
*하꼬방 : 판잣집.
*오매 : 어머니.
*야매 : 뒷거래.
*콧구녕 : 콧구멍.

망양로

태평양을 바라보고 앉은
전망 좋은 동네
그래서 길 이름도
망양로(望洋路)라 지은 산복도로
그 비얄*에는 거북이들이 살고 있다

멀지 않은 옛날
바다에서 알을 밴
귀환 동포 부두 노무자 역전 지게꾼
고무신공장 공순이들이
산으로 무작정 기어올라
까꼬막*에 알을 낳았던 곳

지금은
부두도 역전도 공장도
모두 문을 닫는 바람에
늙은 거북이들만
아직도 꿈을 포란한 채
부화를 기다리며

태평양을 바라보고 앉아 있는
부산의 때 묻은 속옷

*비얄 : 비탈의 부산 사투리.
*까꼬막 : 비탈길의 부산 사투리.

산복도로 마추픽추

이틀에 한 번도
제대로 질금거리지 않는
산수도* 꼭지를 믿지 못해
집집마다 노란 물통을 머리에 이고 살았던
내가 살았던 그 동네
산복도로 마추픽추

하늘 아래 첫 집이면서
보이지 않는 태양을 향해
언제나 창문을 열어두고 살아야 했던
돌담에는 빨래가 만국기처럼 펄럭였던
내가 셋방살이했던 그 집은
빈집 된 지 오래되었고
자벌레버스*가 흙먼지를 날리며
간간이 기어 다니던 공중도시에
지금은 만디버스*가 투어를 한단다

해와 달그림자가
수없이 쓸고 간 바람에
남루했던 풍경도 지금은 그리움이 되고

떫고 쉽던 땡감 기운도 홍시로 익어가는
내 청춘이 시들어 갔던 그곳

*산수도 : 1980년대 당시 고지대 상수도 관말(管末)지역에 설치됐던 간이급수시설로 계곡물을 집수해서 식수로 사용했다.
*자벌레버스 : 당시 산복도로는 심한 요철과 곡각으로 인해 버스가 자벌레처럼 느림보 운행을 했다.
*만디버스 : 한때 산복도로를 돌았던 부산의 시티투어버스.

땅이 자란다

꿈은 이루어진다
그에 보답이라도 하려는 듯
동네 사람들이 꿈을 꾸자
땅이 자라기 시작했다
지난겨울까지만 해도
오랜 꿈의 결실이었던 우리 집
아파트 10층 베란다에서 내려다보면
동네 대부분의 땅은
우리 집 발아래 엎드렸다
그런데 올봄
방아깨비 같은 타워크레인이
동네에 기어들어 오더니
땅이 조금씩 자라기 시작했다
지금은 매미가 목이 쉬는 처서인데
그동안 우리 동네 땅은
장마철 오이처럼 마음껏 자라서
10층 우리 집을 땅 그늘로 묻어버렸다
꿈이 꿈을 덮은 여기는
재개발사업이 한창인 '3-1공구'
이곳에는 날마다 땅이 자란다

아이스게끼 파는 여자

점심시간 끝나고
오후 수업 시작된 지 오래인
초등학교 정문 앞
아이스게끼통 하나가 교문을 지킨다

옛 맛이 궁금해
주인을 찾아 두리번거리는데

교문 옆 가로화단 풀섶에서
여치처럼 숨어서
식은 밥 한 숟가락 입에 떠 넣다 말고
화안이 일어서는
아이스게끼를 파는 여자

아이스게끼 몇 개를 팔아야
아침마다 고개 숙이고 학교 가는
딸년의 밀린 회비를 낼 수 있을까
백동전 몇 잎 받고
두 손으로 아이스게끼를 내밀며
밥을 꿀꺽 삼키는 중년 여성
이승에서 내가 본 여자 중
가장 아름답고 건강한
어머니라는 여인

건널목에서

20, 19, 18…………0
푸른 카운트다운이 점멸되자
검은 강에서 징검다리가 열리고
사람들이 건너간다

아니, 낙타들이 도하한다
저마다 등짐을 진 쌍봉낙타들
영(零)을 향해 걸어가는
짐 속에는 사과를 파먹는
깍지벌레처럼 치료 약도 없는
암세포가 증식하고 있다

낙타들도 한때는
꽃에서 바로 걸어 나온
아이들이었고 더러는
초원을 누비며 동풍에
사자 갈기를 흩날리는
제왕을 꿈꾸기도 했다

그러나 풀밭은 사라지고
사막이 된 오래된 거리는
아이도 사자도 보이지 않고
짐 진 낙타들만 산다

화려한 꽃밭

한동안 낯설었던
히아신스 피튜니아 원추리도
이제는 우리 동네 흙냄새 맡고
꽃밭에 뿌리내린 꽃이 되었다

정말, 처음엔 낯설었던
같은 사무실을 쓰는
꽁지머리 스미스 그리고
퇴근길 먹자골목에서 가끔 마주치는
까무잡잡한 네팔인
아래층에 사는 늘씬한
슬라브족 미녀도 이제는
된장 냄새 나는 이웃이 되었다

아파트 동(棟)마다 라인마다
다른 나라 국기가 걸려 있는
우리 동네는
펄럭이는 만국기와 함께
형형색색의 꽃들이 날마다
축제를 벌이는 화려한 꽃밭

도서관엘 갔더니

책 속에 있다는 길
그 길 찾아 도서관엘 갔더니
길은 없고 벌집만 있었다
열람실 칸막이 구멍마다
머리만 내놓은 사람들
저마다 고개 숙인 채
벌집 속에서 살길을 찾고 있었다
검은 머리는 잡히지 않는
『만점 토익』을 열 번째 뒤쫓고 있고
잘못 불러 나온듯한 새치머리는
노트북 열어놓고 『틈틈승진시험』 문제 풀이 한창이다
저승길이 머잖은 흰머리도
『공인중개사 기출문제』에 빠져
올해는 꼭 합격해야지 잠꼬대한다
책 속에 있다는 길
그 길 찾아 도서관엘 갔더니
그 길은 날지 못하는 일벌들이 모여서
상처를 치료하는 벌집이었다

지하철 객실에서

지하철 객실 의자
한 칸에 나래비로
정답게 붙어 앉은 승객들
둘은 시름시름 졸고 있고
셋은 이어폰을 귀에 꼽고 있거나
누군가와 문자로 비밀교신 중
나머지는 핏발선 눈으로
휴대폰 창을 넘기고 있다

같은 의자에 앉아 있는
여덟 명 모두 이상증세를 보이며
역을 세 개나 지나쳐도
서로 눈길 한 번 주지 않는
예의 바른 환자들이다

곁에 앉은 환자의 체온이
내게 전염될까 봐
안으로 문을 걸어 잠그고
침잠해 들어가는 너와 나는
너무 먼 거리에 앉아있는
자폐증 환자

그해 겨울

겨울안개 속에 온몸을 잠그고
자맥질하는 청둥오리가 되어
강둑길을 자축거리며 혼자 가자 했더니
완강한 얼음장 밑에서도
강물은 숨비소리로 흐르고
제방에 홀로 선
뼈만 남은 미루나무는
동토에 뿌리를 박고 사월을 꿈꾼다
그러나 지상은 여전히
찢어진 눈이 낮달로 떠 있고
독백을 엿듣는 바람과
마스크를 강요하는 스모그가
벌판을 이불처럼 덮고 있어
길에서 길을 찾다 지친 나머지
밤이면 몽유병자가 되어
광장으로 나가 촛불을 들고
그림자들과 함께 강강술래를 한다

어둠을 말하고 섰다

억장이 무너질 때마다
사람들은 촛불을 들고
광장으로 모여들지만
가로수들은 거리에 발목 잡혀
제 자리에서 소신공양을 한다

단풍나무 은행나무 느티나무…
제각기 가로에 줄지어 서서
촛불들과 함께
밤새 신열을 앓으며 몸을 태운다

그러다 새벽이 오면
광장에 촛불은 사라지고
나무는 빈 둥치로 남는다

집으로 돌아간 촛불이
꺼진 불빛이 아니듯이
전신을 태우고
뼈만 남은 나목(裸木)도
침묵하는 것이 아니라
칼바람 속에서 온몸으로
어둠을 말하고 섰다

광장의 나이테

광장은 나이테가 있지
오가는 사람들의 슬픔과 기쁨까지
모두 기억하는 나이테가 있지
기억이란 웃음보다 눈물이 오래가는 법
그렇지, 1987년 서면로터리
광장의 함성과 눈물을
나이테는 기억하고 있지
그해 유월
낙동강에서 궐기한 떼 개구리들
광장에 모여 어기차게 불렀던 그 노래
지금도 귀에 쟁쟁쟁쟁

대머리야, 대머리야, 네 머리를 내어놓아라
내어놓지 않으면 구워서 먹으리

떼창에 놀란 페퍼포그 차량은
지랄탄을 일제히 쏘아 올리고
때아닌 자욱한 살충제에
하늘마저 통곡했던 그 날
세월은 갔어도
광장을 울렸던 그 떼창 그 함성의 나이테들이
촛불로 활화산으로 되살아나

먹성 좋던 황소개구리들 쫓아내고
광장의 어둠을 밝혔지
그렇지, 광장은 알고 있지
오가는 사람들의 발자국 소리 상처까지도
모두 알고 있는 광장은
보이지 않는 나이테가 있지

노숙자

가정에서도 직장에서도
마음 붙일 데가 없어
바퀴벌레처럼 숨어서
거리를 떠도는 너에게
사회가 붙여준 이름, 노숙자

돈의 힘을 얕잡아 본
네 죄가 얼마나 중죄인지
집을 나와 네가 처음 찾아간
예배당에도 성당에도 법당에도
깊고 넓게 드리워진
자본의 그림자를 보고
너도 짐작했을 것이다

자본이 파문한 너를
품어 줄 곳이
지하도나 콘크리트 바닥 외엔
이 세상 어디에도 없구나
그런 너에게 희망을 가지라는
터무니없는 말은 않겠다

그러나 잊지 마라
밤하늘의 별이 너를 보고 있고
내일 아침엔 너를 위해
아침 해가 뜬다는 것을

샛별

병실에서 눈 감으며
누군가 마지막으로 바라본
샛별은 눈물입니다

밤샘 경비를 서던 노인이
쪽방으로 들어가며 바라본
샛별은 안식입니다

소화되지 않은
욕망을 쓸어 담고 있는
먹자골목 가로청소부에게
샛별은 하루를 여는 문입니다

샛별이 누군가의
눈물이고 안식이고 문이듯이
어깨를 들썩이며 또 다른 곳에서
샛별을 바라보고 선 당신은
뒤따르는 누군가의 이정표입니다

담담여수(淡淡如水)의 시학

우종상(문학평론가 · 시인 · 문학박사)

1. 들머리

문학(文學)은 인간의 삶에서 비롯되는 각양의 정서와 인식을 구체적인 형상으로 표현하는 예술(藝術)의 한 장르(Genre)이다. 문학은 철학이나 종교와는 달리 정서적이어서 공감하기 쉽고, 미술이나 음악과는 달리 언어로 표현되어 있어서 깊이 있게 이해하기가 편하다고 한다. 그런 뜻에서 문학은 인간의 구체적이면서 일상적인 삶의 모습을 형상화(形象化)하면서 그 속의 현실에 대한 인식과 사상을 표현하는 예술이라고 할 수 있을 것이다.

우리들은 문학 작품을 읽을 때, 여타(餘他) 예술 종류와는 다른 고유한 아름다움을 경험하게 된다. 그리고 세계에 대한 이해가 깊어지고 정서가 순화(醇化)되는 것을 느낀다. 이를 통해 우리는 객관 세계의 의미를 좀 더 깊이 생각하고 자기 나름의 인생관과 세계관이라 부를 수 있는 인식의 체계를 갖출 수 있을 것이다. 이때 전자를 '심미적(審美的) 경험'이라고 하며, 후자를 '사상적(思想的) 경험'이라고 부른다.

우리는 현실의 반영이라는 문학 작품을 읽으면서 이 두 가지 경험을 복합적으로 체험하게 된다. 따라서 우리는 작품을 통하여 정서적으로 아름답고, 사상적으로 깊이 있는 인간에 이르게 되는데, 이것이야말로 문학의 중요한 역할이며 기능이 아닐까 한다.

특히 언어예술 중 시문학은 우리 삶에서 부딪치는 일들에 대해서 정서적으로 느끼고 생각한 감동을 산문과 달리 꼭 써야 할 자기의 운율적 언어로 압축하여 표현한 것이라고 할 수 있을 것이다.

먼 길 쉼 없이 걸었다
돌아보니 발자국이 보이지 않는다

「두 줄짜리 자서전」이라는 정주영 시인의 시집 서문이다. 짧은 문장이지만 그의 걸어온 삶의 여정과 문학관이 오롯이 느껴지는 글이다. 물론 윤동주도 유고시집인 『하늘과 바람과 별과 시』의 서문 대신으로 쓴 시가 유명한 「서시」니 프롤로그(Prologue)는 이렇게 집약적으로 삶의 이정표(里程標)가 되며 그 시의 성격을 대변한다고도 할 수 있을 것이다.

정주영 시인의 시집 『남루한 기쁨』에는 1부 그렇게 있을 뿐 16편, 2부 징검돌 건너기 18편, 3부 숲이 화장을 고치면 18편, 4부 깊고 푸른 그곳 18편, 5부 내일 아침엔 너를 위해 18편 등 전 5부 88편의 시가 나름대로 시의 품격을 갖추고 있다.

그의 시를 읽으면 작가의 다양한 체험과 서정이 꽃이 바람에 흩날리는 아름다운 봄 풍경과, 여름날 녹음의 서정과, 가을날 단풍이 물든 서경과, 겨울날 백설에 묻힌 고즈넉한 광경들이 마치 주마등처럼 스쳐 가는 시적인 묘미에 젖어들 수 있음을 느끼게 된다.

박용철은 「시적 변용에 대하여」에서 시는 온갖 체험이 녹아들어 내면적 요구가 가득 넘쳐날 때 쓰지는 것이라고 하며, 시인의 한 쪽 혹은 전부가 변용된 것이라는 논리를 펴고 있으며, 독일의 시인 라이너 마리아 릴케(Rainer Maria Rilke)는 일기체 소설인 『브리게의 수기』에서 시는 체험이라고 하며 다음과 같이 그의 문학관을 피력하고 있다.

"사람은 전 생애를 두고, 될 수 있으면 긴 생애를 두고 참을성 있게 기다리며, 의미와 감미(단맛)를 모으지 아니하면 아니 된다. 그러면, 아마 최후에 겨우 열 줄의 좋은 시를 쓸 수 있게 될 것이다. 시는 보통 생각하는 것같이 단순히 감정이 아닌 것이다. 시는 체험인 것이다. 한 가지 시를 쓰는 데도 사람은 여러 도시와 사람들과 물건들을 봐야 하고, 짐승들과, 새의 날아감과, 아침을 향해 피어날 때의 작은 꽃의 몸가짐을 알아야 한다. 모르는 지방의 길, 뜻하지 않았던 만남, 오래전부터 생각던 이별, 이러한 것들과, 지금도 분명하지 않은 어린 시절로 마음 가운데서 돌아갈 수가 있어야 한다."

위의 글들을 상고(詳考)할 때 시인에게 있어 시(詩)는 인생을 시로써 표명하였다고 하겠으며 아울러 그의 인생을 반추(反芻)하는 하나의 중요한 도구가 아닐까 한다. 공자(孔子)께서는 書不盡言 言不盡意(글은 말을 다 하지 못하고, 말은 뜻을 다 하지 못한다.)라고 하였다. 그러나 시는 언어 외의 의미를 전달할 수 있기 때문에 진실된 말의 힘을 느낄 수 있지 않겠는가?

문학 작품은 운문과 산문으로 구분할 때 산문은 대상을 설명하고 논술함으로써 의미의 전달을 구체화하는 것이라면, 운문의 묘미는 의미의 구체화보다는 비유와 묘사로써 내포와 함축적인 뜻을 살리고 여백으로 부연하는 것이라고 한다.

평론(評論)은 일반적으로 문학 작품 또는 문학적 현상을 대상으로, 그에 대한 좋고 나쁨이나 또는 그 안에 담겨 있는 의미를 해석하고 평가하는 일련의 언어적 행위를 말한다고 한다. 또 다른 의미에서는 문학 작품에 대한 전문적인 독서 행위라고도 할 수 있을 것이다.

곧 다시 말하면 평론은 작가의 혼이 담겨 있는 작품의 세계에 더 가까이 접근하여 작품이 표명하는 사실과 작가의 상상력에 의한 허구가 형상화된 것을 살피고 아울러 그것이 독자의 의식에 어떻게 전달될 수 있는가를 보여 주는 구체적인 과정이라고도 할 것이다. 이렇게 될 때, 시인의 작품을 더욱 깊이 바라볼 수 있는 심미안을 넓고 깊게 할 수 있으며 우리의 가치 평가(Value Judgement) 능력을 높일 수도 있을 것이라고 생각한다.

작가나 작품에 접근하는 평론가의 태도 또는 방법에 따라 평론의 갈래를 규정하면 첫째, 평론가 나름대로 설정한 객관적 기준에 의한 평론인 입법(立法) 비평과 둘째, 평론가의 주관적이며 감성적 기준에 의한 평론인 심미(審美) 비평과 셋째, 작품 자체의 언어적 조건을 탐구하는 평론인 기술(記述) 평론이 있다고 한다.

실제 작품을 분석할 때는 기술(記述) 평론이 보편타당성을 가지지만, 그러나 위의 세 가지 방법을 적용하는 것이 가장 일반적이 아닐까 한다.

물론 작가의 작품을 읽고 종합적인 감상 능력에서 시의 형식적 요소와 내용적 요소를 동시에 파악하여야 하겠으며, 작가의 작품에 나타난 시어의 경우에는 함축적 의미와 이미지와 어조와 표현 방법 등을 살피는 것도 작가의 의도 파악에 더 가까이 다가서는 지름길이 될 수 있을 것이다. 시적 화자는 시인 자신이 될 수도 있으며, 아니면 제3자를 내세울 수도 있겠으나 대체로 화자의 시적인 태도 또는 입장을 먼저 생각하는 것도 시를 이해하고 분석하며 시인의 정서와 생각에 하나의 동심원을 형성한다고도 하겠다.

이런 의미에서 고찰하건데 정주영 시인의 시를 이해하고 분석하는 바로미터(barometer)는 바로 시인의 입장에서 역지사지(易地思之)로 살펴보는 것이 가장 적확(的確)한 방법이 될 것이다.

2. 몸말

독일의 바이올린 제작자인 마틴 슐레스케는 『가문비나무의 노래』에서 바이올린에 쓰이는 나무는 고지대에 빼곡하게 자라는 나무들 중에서도 이런 곳에 곧추선 가문비나무는 아주 위쪽에만 가지가 나 있으며, 밑동치에서부터 40~50m까지는 가지가 하나도 없이 줄기만 죽 뻗었기에 바이올린의 공명판으로 사용하기에 이보다 더 좋은 재료가 없다고 한다.

"모든 사람은 저마다 다른 카리스마(재능)를 가졌습니다. 우리에게는 우리가 받은 것, 즉 은혜의 선물에 대한 책임이 있습니다. 우리가 받은 것들을 무시한 채 다른 이를 표절하려 할 때, 우리의 재능은 마르거나 썩어버립니다." 슐레스케의 말에서 유추하건데, 정주영 시인도 어쩔 수 없이 타고난 시적 재능을 시집으로 집약하여 표출할 수밖에 없는 운명으로 시집을 상재(上梓)하게 되었지 않았을까?

바이올린(Violin)을 만드는 재료는 나무의 밀도가 좁으면 좁을수록, 구멍들이 작기에 그만큼 아름답고 청명한 소리가 난다고 한다. 그래서 밀도가 가장 좁은 소빙하기에 자란 가문비나무를 잘라, 사계절 동안 물에 담그고, 다시 말리는 작업을 수없이 반복한 뒤에 나무를 잘라서 다듬고 만들었기 때문에 스트라디바리우스가 최고의 아름다운 소리를 낸다고 한다.

스트라디바리우스는 바이올리니스트라면 누구나 꿈꾸는 명기(名器)라고 한다. 스트라디바리우스는 18세기에 이탈리아의 바이올린 마스터 안토니오 스트라디바리(1644~1737)와 그 일가가 만든 바이올린을 뜻한다. 현재 전 세계적으로 6~700여 대가 남아 있다고 하는데, 보존 상태가 좋은 스트라디바리우스 바이올린은 몇십억 원이 넘는 고가에 팔리기도 한다.

미국 테네시(Tennessee)대학의 학자들은 스트라디바리우스가 제작된 당시의 기후가 이 명기를 탄생시킨 열쇠라고 주장했다. 즉, 유난히 추웠던 소빙하기인 18세기 당시의 날씨 때문에 악기 제작에 쓰인 나무의 나이테가 촘촘하고 나뭇결의 밀도가 높아졌고, 이 덕분에 소리의 스펙트럼이 균일하고 음정 변화가 거의 없는 명기가 제작되었다는 것이다.

정주영 시인의 시를 논하기에 앞서 스트라디바리우스를 거론한 것은 그의 시도 스트라디바리우스라는 바이올린과 같이 그만큼 깊고 청아한 자기의 소리를 갖고 있기 때문일 것이다. 전혀 꾸미지 않았으며, 가식적이거나 현학적이기에 앞서 진솔한 스트라디바리우스 소리처럼 아름다운 언어 미학적인 시상을 그의 시가 표출하고 있기 때문이 아닐까?

정주영 시인은 3급 부이사관의 고위공무원 출신으로서 명예퇴직을 하였다는 것을 그의 프로필(Profile)에서 유추할 수 있다. 그의 이력으로 보면 다양한 공직

경험을 그의 시 곳곳에서 발견할 수 있을 것이다.

시인의 육필시 88편에서 삶에 대한 단상(절망과 희망), 자연 친화적인 시, 현실과 극복, 자아 성찰의 시, 순수와 파괴, 절제와 균형된 삶, 현실과 초월, 여행과 이미지, 삶의 고뇌와 관조, 그리움 등 다양한 삶의 편린(片鱗)들을 짐작하게 한다.

처자식 이끌고
부평초처럼 셋방을 떠돌다
13평짜리 시영아파트를
그것도 불혹의 나이에
내 이름으로 처음 등기하고
대장부 살림살이 이만하면 족하다 싶어
농익은 석류알처럼
꽉 찼던 남루한 기쁨을
너는 맛본 적이 있느냐?
그것은 돈으로 살 수도
책으로 배울 수도
권력으로도 움켜쥘 수 없는
벌거숭이로 이승에 태어나
곧이곧대로 살아온 자만이 누릴 수 있는
농밀한 생(生)의 축복

—「내 집 마련」 전문

청빈하게 공직 수행만 외곬으로 수행하다가 불혹(不惑)의 나이에 13평 시영아파트를 사서 시인의 이름으로 등기를 한 '남루한 기쁨'이야 무슨 말이 더 필요하겠는가? 그래서 시집 이름도 역설적인 '남루한 기쁨'이 되었을 것이다. 시인의 공직자로서의 자세는 다음 구절에서 엿볼 수 있을 것이다.

다음은 공자(孔子)께서 말년 생의 달관된 경지를 잘 표출한 구절이 『논어(論語)』 술이(述而)의 다음 구절이 아닐까 한다.

飯疏食飮水, 曲肱而枕之, 樂亦在其中矣, 不義而富且貴, 於我如浮雲(거친 밥을 먹고 물을 마시며, 팔을 굽혀 그것을 베고 살더라도 즐거움이 또한 그 가운데 있다. 의롭지 않으면서 부하고 귀함은 나에게 있어서는 뜬구름과 같으니라)

구차(苟且)하고 가난한 생활 속에서도 그에 구속되지 않고 편안한 마음으로 즐길 수 있는 것이 바로 옛사람들의 물질을 초월한 생활신조이며 시인의 생활신조이리라. 이것은 바로 시대를 초월한 안빈낙도(安貧樂道)의 삶 그 자체가 될 것이다.

결국 물질의 가난쯤이야 초월해 사는 정신적인 기쁨이 정주영 시인이 추구한 선한 삶이 아닐까 한다.

이틀에 한 번도
제대로 질금거리지 않는
산수도*꼭지를 믿지 못해
집집마다 노란 물통을 머리에 이고 살았던
내가 살았던 그 동네
산복도로 마추픽추

… (중략) …

해와 달그림자가
수없이 쓸고 간 바람에
남루했던 풍경도 지금은 그리움이 되고
떫고 쉽던 땡감 기운도 홍시로 익어가는
내 청춘이 시들어 갔던 그곳

—「산복도로 마추픽추」 일부

시인이 한때 살았던 초량의 산복도로의 모습이 시적 형상화로 재구성된 시편이다. 산의 수도가 제대로 공급되지 않았던 열악한 부산의 도시 빈민촌이 바로 산복도로 마추픽추일 것이다. 그러나 과거의 생활을 현실에서 회고하면 '남루했던 풍경은 그리움이 되고', 설익은 땡감과 같았던 생활상에서 시인의 '청춘이 시들어 갔던 그곳'이 시인의 젊은 시절의 자화상이라고 하여야 하겠다.

찬란했던 페루의 상징이자 잉카 문명의 대표적인 유적지가 바로 마추픽추(Machu Picchu)라면 산복도로 그 동네도 어쩌면 과거의 영화를 그리워하는 군상들의 주거지가 아닐까? 마추픽추는 하이램 빙엄(Hiram Bingham)이 1911년에 발견하기 전까지 마치 캄보디아의 앙코르와트(Angkor Wat)처럼 베일에 싸인 도시였을 것이다.

산복도로에서의 생활은 그에게 어떤 의미가 되었을까? 물론 그 당시의 곤궁하고 괴롭고 어려운 생활도 현실에서 되돌아보는 과거의 생활은 시인 자신에게 모두 그리움의 화신이 되었을 것이다.

창밖에 우는 귀뚜라미 소리
방 안에 있는 내 맘을 흔드니
그 소리 둘이 아니네

지금 읽고 있는
고전시가인 〈헌화가〉를
내가 좋아하니
꽃을 꺾어 수로부인에게 바친
천 년 전 그 늙은이와
내 마음이 다르지 않네

이렇게 벽을 허물고
천년 세월을 가로질러
마주 보고 있는 너와 나의
몸과 맘은 벽이 없네

—「벽이 없네」 일부

귀뚜라미는 예나 지금이나 시가(詩歌)에 주로 등장하는 객관적 상관물일 것이다. 가을날 처량하게 밤중내내 구슬피 울어대는 귀뚜라미 울음소리는 사람의 애간장을 태우는 촉매(觸媒)가 아닐까 한다. 특히 온밤을 홀로 지새우는 여성의 한(恨)의 표상이 바로 귀뚜라미 울음소리일 것이다.

청구영언(靑丘永言)에 나오는 작자 미상의 사설시조는 귀뚜라미에 감정이입을 하여 독수공방(獨守空房)의 외로움을 잘 나타낸 조선 후기의 연모가(戀母歌) 일 것이다.

기나긴 가을밤 상사(相思)의 일념으로 잠 못 이루고 전전반측(輾轉反側)하는 여인의 애절한 외로움이 귀뚜라미 울음소리로 극대화되어 실감 나게 그려진 작품이다. 여인네의 처절한 고독과 임을 향한 그리움이 온 밤을 하염없이 처량하게 구슬피 우는 귀뚜라미 신세와 동병상련(同病相憐)의 심정이 아닐까 한다. 귀뚜라미 울음소리는 결국 임을 그리워하는 여인네의 울음소리가 아닐까?

선조(宣祖) 때 허균(許筠)의 누나 허난설헌(許蘭雪軒)의 가사 규원가(閨怨歌)에도 귀뚜라미가 나온다.

> 가을 둘 방에 들고 실솔(蟋蟀)이 상(床)에 울 제 긴 한숨 디는 눈물 속절업시 혬만 만타. 아마도 모진 목숨 죽기도 어려울사 〈후략〉

여기서도 실솔(蟋蟀)은 독수공방(獨守空房)하는 여인의 한(恨)을 더욱 심화시키는 존재의 표상일 것이다.

정주영 시인은 위의 시에서 가을 깊은 밤 창문 밖의 귀뚜라미 소리에 마음이 흔들린다고 하였다. 오고가는 생각의 사념(思念)이 얼마나 많았겠는가? 귀뚜라미 소리는 작가의 마음에 파장(波長)을 일으키는 바로 작가의 마음이라고 생각하였으니 그 소리의 실체가 하나라고 하였다.

딛배 바회 ᄀᆞᇫᄒᆡ
자ᄇᆞᆫ손 암쇼 노ᄒᆡ시고
나ᄒᆞᆯ 안디 븟ᄒᆞ리샤ᄃᆞᆫ

곶홀 것가 받ᄌᆞ리이다

—「헌화가(獻花歌)」 전문

위의 글은 『삼국유사(三國遺事)』 권2, 수로 부인조에 나오는 4구체 향가(鄕歌)이다. 신라 성덕왕 때 순정공(純貞公)이 강릉 태수로 부임해 가는 도중 길가 벼랑에 핀 철쭉을 보고 수로 부인이 그 꽃을 꺾어 달라고 간청했으나 아무도 나서지 않자, 소를 몰고 가던 한 노인이 위험을 무릅쓰고 꽃을 꺾어다 바치며 노래를 불렀다는 것이 「헌화가(獻花歌)」라고 한다.

시인의 아내 사랑하는 각별한 정을 잘 표현한 작품이 바로 그의 시 「벽이 없네」가 아닐까 한다. 마음을 객관적 상관물인 귀뚜라미에 이입한 그의 마음은 바로 '마주 보고 있는 너와 나의 몸과 맘은 벽이 없네'란 구절에서 그의 마음이 아내의 마음과 하나가 되었다는 것을 여실히 증명하고 있지 않을까 한다.

그의 아내에 대한 사랑은 작품 곳곳에서 발견할 수 있다.

부부로 산다는 건 자전거 타기
오르막이건 내리막이건
앞바퀴 뒷바퀴가 같은 방향
같은 속도로 자륵자륵 흐르도록
서로에게 보조를 맞추어 주는 것

위태위태하면서
넘어지지 않는 이유도

앞바퀴와 뒷바퀴가 서로의
존재 이유가 되어주기 때문

―「부부라는 두 바퀴」 전문

부부간의 관계는 마치 자전거 타기와 같아서 '오르막이건 내리막이건' 같은 속도로 서로 보조를 맞춘다는 시인의 부부관계의 정의가 정겹기조차 하다. 서로 균형과 보조를 같이하여 언제 어디서나 한마음으로 세파(世波)를 헤쳐나가는 절제와 미덕은 가히 아름답다고 하지 않겠는가? 자기를 들어내지 않고 겸양으로 서로를 위해 주는 것이 부부관계라는 그의 철학을 어찌 필설(筆舌)로 표현할 수 있을 것인가?

흔히 부부(夫婦)는 일심동체(一心同體)라고 한다. 그래서 옛사람들도 부부간 다툼은 '칼로 물 베기'라고 하며 가장 가깝고도 먼 인간관계를 부부라고 하지 않았을까 한다.

시인에게 있어 삶은 무슨 의미가 있을까? 그에 대한 해답은 다음 시에서 실체를 규명할 수 있을 것이다.

마주 보면
앞을 가로막는 벽도
돌아서면 때로는 등 기댈 수 있는
비빌 언덕이 되네

내가 건너온 강
미끄러운 징검돌도 그렇네

… (중략) …

그래그래, 산다는 건
징검돌 건너기지 뭐… 하면서
우물쭈물 어제의 징검돌도
등 기댈 수 있는 징검돌이라 생각하니
내일 디딜 징검돌도 은근히 기대되네
산다는 건 징검돌 건너기

—「징검돌 건너기」 일부

정주영 시인에게 산다는 것은 그의 시 「암전」이 증명하듯이 연극무대와 같다고도 할 것이며, 아울러 위의 시와 같이 징검돌 건너기도 될 수 있을 것이며, 「계단 오르기 게임」의 시도가 될 수 있을 것이라는 것은 그의 시를 읽으면 대다수가 수긍할 것은 자명한 사실일 것이다.

사람이 태어나서 죽기에 이르는 동안 사는 일이 삶의 정의라면 삶은 어쩌면 피할 수 없는 숙명과도 같을 것이다.

그의 시와 맥을 같이 하는 시로는 러시아의 국민 시인이며 문호(文豪) 알렉산드로 푸시킨 (Aleksndr Pushkin)의 서정시로 죽기 전 유언으로 남겨 지금도 회자(膾炙)되는 삶에 대한 시인 「삶이 그대를 속일지라도」와 롱펠로우(Henry Wadsworth Longfellow)의 인생 찬가(A Psalm Of Life)가 아닐까 한다.

그의 시에 많이 등장하는 시어 중의 하나가 꽃이다. 목련꽃, 동백꽃, 매화 등이 그것인데, 그중에서도 매화가 두드러지게 나타나는 꽃 이름이 아닐까 한다.

육탈된 시조새 날개 죽지에
봄비를 몰고 온
영등할망이 며칠간 머물렀다

… (중략) …

백일동안 동굴 안에서
마늘과 쑥만 먹던 곰이
웅녀로 환생하듯이
겨울눈[冬芽] 속에 꿈꾸던 애벌레가
생명수를 마시고 나비로 환생한 것이다

바람 불자 뼈마디마다 분분한 날갯짓
어둠 속에서 빛을 찾아 난생(卵生)한
봄의 난만한 웃음
매화

—「영등할망이 피운 매화」 일부

영등할망은 남해안이나 특히 제주특별자치도에서 음력 2월 초하룻날 찾아와서 2월 15일경에 떠난다고 알려진 풍신(風神)이며 풍농신(豊農神)이라고 한다.

영등할망이 강신할 때쯤 봄의 전령사인 매화(梅花)가 수줍게 꽃망울을 화사하게 터뜨린다고 한다. 속신으로 비, 바람, 구름이 농업에 필수불가결한 존재이니 영등할망의 전설도 비롯되지 않았을까 한다.

봄비를 몰고 온 영등할망이 머물다 떠나고 난 후 동면(冬眠)을 하던 애벌레가 비로소 나비로 환생을 하였다는 시인의 고백에서 봄을 기다리는 대춘(待春)의 절박함도 묻어 나오지 않겠는가? 단군신화(檀君神話)를 차용(借用)하여 시적 기교를 더 풍성하게 한 시인의 의도는 시인 자신의 매화에 대한 사랑의 농도를 짐작케 하기에 충분하지 않을까 싶다. 춘풍이 불자 매화의 난만한 흐드러짐은 봄의 화사한 웃음이며 나비의 날갯짓이라는 비유에서 더욱더 진솔한 매화의 아치고절(雅致高節)과 빙자옥질(氷姿玉質)과 선자옥질(仙姿玉質)이 부각되고 있음이랴! 게다가 백설이 흩날리는 얼어붙는 한겨울에 눈 속에 핀 설중매(雪中梅)의 자태와 기상은 사군자(四君子)의 으뜸으로 전혀 손색이 없지 않을까 한다.

정주영 시인의 시들을 읽으니 성당(盛唐)의 시인 왕유(王維)의 「잡시(雜詩)」가 생각이 난다.

君自故鄕來 그대 고향에서 여기를 왔으니
應知故鄕事 마땅히 고향 소식 알고 있겠군
來日綺窓前 오던 날 비단창 앞의 매화 한 그루
寒梅着花未 눈보라 속에 꽃망울을 터뜨렸더냐

고향을 떠나 오랜 객지 생활을 하던 시적 화자가 이제 막 고향에서 온 사람을 만나고 나니, 고향 소식 중에서도 가장 궁금한 것이 바로 가족들 소식일 것은 자명(自明)한 사실이다. 그런데도 화자는 엉뚱하게 비단창(아내의 창) 앞에 있는 매화 소식 하나만 묻는다. '눈

보라 속에서 매화가 꽃망울을 터뜨리고 있더냐?' 시적 화자는 고난과 역경과 시련을 뚫고 눈보라 속에서도 꽃망울을 터뜨리고 있는 매화를 아주 각별히 사랑하는 사람임을 알 수 있는 대목이다. 이토록 매화를 사랑하고 있다는 것은 우리에게 시적 화자의 고매한 품격과 드높은 절조를 시사하고 있다고 하겠다.

흔히 불가(佛家)에서는 진리를 언어로 표현할 수 없다고 하여 이심전심(以心傳心), 염화시중(拈花示衆), 불립문자(不立文字) 등으로 대체하고 있다. 시에서도 언어의 절제를 통하여 유장한 여운이 오히려 시의(詩意)를 더욱 풍성하게 표출할 수 있을 것이다.

다음은 조선 고종 때 가객인 안민영의 연시조 매화사(梅花詞) 8수 중 하나이다.

> 빙자옥질(氷姿玉質)이여 눈 속에 네로고나
> ᄀᆞ마니 향기(香氣)노아 황혼월(黃昏月)을 기약(期約)ᄒᆞ니
> 아마도 아치고절(雅致高節)은 너뿐인가 ᄒᆞ노라

의인법과 영탄법과 설의법을 표현 기교로 적절하게 차용하여 매화 예찬을 주제로 한 시조가 연시조 중 위의 단형시조일 것이다. 작가의 고결한 성품이 지조와 기품을 상징하는 매화에 투영되어 선명하게 드러나는 기법을 견지하고 있다고 하겠다.

동백꽃을 보고 느낀 시인의 마음은 어쩌면 동백꽃보다 더 붉게 타오름을 느끼게 한다. 남도 지방은 어디를 가나 지천(至賤)으로 흔하고 흔한 것이 동백꽃이지만

해풍에 조금도 주눅이 들지 않고 고아한 자태를 자랑하는 동백꽃은 누구나 좋아하는 꽃일 것이다.

꽃샘바람에 떨고 서 있는
고집 센 아가씨

—「동백꽃 연가」 일부

그 외에도 계절의 찬가 「불온한 사월」, 「오월」, 「입추 아침에」, 「가을의 기도」, 「낙엽엽서」, 「가로수들의 무도회」, 「그해 겨울」에 관한 시편들도 보였으며, 온천천 살리기 프로젝트를 시화한 「상처를 보다」와 재개발구역에서의 애환을 다룬 「심인」과 을숙도에서 낙동강 철새 탐조의 경험을 노래한 「철새 탐조대」들도 특이한 시편이라고 하겠다.

정주영 시인의 시에서도 예외 없이 시인의 여행 시편들이 보였다. 「동해 일출」과 「주문진항에서」 등이 대표적인 시편들인데 특히 해외에서 느낀 광경과 감회를 시화한 것으로는 「실크로드에 서다」 와 남미 페루의 여행 시인 「슬픔의 우물」이 인상적인 시편이 아닐까 한다.

3. 갈무리

인간의 사상과 정서를 운율적 언어로 압축하여 표현한 언어 미학이 시(詩)라고 한다면, 정주영 시의 특징은 한마디로 춘추전국시대 초(楚)나라 송옥(宋玉)의 고

당부(高唐賦)에 나오는 담담여수(淡淡如水)와 같은 글이 아닐까? 마치 물이 흐르듯 자연스런 시상의 유로(流露)가 기교(技巧)를 부리지 않은 지극히 자연스러움이 그의 시가 주는 장점이라고 생각한다.

노자(老子)는 『도덕경(道德經)』에서 상선약수(上善若水)라고 하였다. 이 말은 결국 최고의 선(善)은 물과 같아서, 물은 만물을 이롭게 하면서도 낮은 곳으로 향하고, 다투지 아니하기에 물을 이 세상에서 으뜸가는 선의 표본으로 여겼다.

조선 인조 때 고산 윤선도(尹善道)도 여섯 수의 연시조(聯詩調)인 오우가(五友歌)에서 물(水)의 그치지 않는 불변성과 부단함을 가장 먼저 노래하고 있지 않겠는가?

그리고 물은 『맹자(孟子)』에서 '西子蒙不潔, 則人皆掩鼻而過之, 雖有惡人, 齊戒沐浴, 則可以祀上帝(서시(西施)가 불결한 것을 뒤집어쓰고 있다면 사람들이 코를 막고 지나갈 것이다. 비록 악인이더라도 목욕재계를 한다면 상제에게 제사 지낼 수 있다)고 하여 정화(淨化)의 이미지로 쓰였고, 기독교에서는 세례(洗禮)처럼 인간의 속죄나 구원 또는 새롭게 거듭남의 재생(再生) 이미지로 물은 쓰였다.

정주영 시인의 시도 물과 같이 순리(順理)를 거스르지 않고 모든 사람이 공유(共有)할 수 있는 시적 의미를 가졌기에 시에 대한 거부감이 없이 쉽게 독자에게 다가갈 수 있지 않을까 한다.

한자성어에 관주위보(貫珠爲寶)가 있다. '구슬이 서 말이라도 꿰어야 보배'라는 말이다. 정주영 시인도 가슴에 시상을 품지 않고 시가 활자화되어 독자와 시로 서로 교류하고 공감할 수 있어 얼마나 다행일까?

혹자(或者)는 시를 체험의 소산이라고 한다. 물론 체험에는 직접체험도 있을 수 있을 것이며, 간접체험도 있지 않겠는가? 그러나 그의 시는 체험의 사유화라는 점에서 시적 성공을 거두었다고 할 것이다.

정주영 시인의 육필(肉筆) 시집을 간략히 살펴보았다. 스페이스(Space) 관계로 구체화할 수는 없지만 그의 시는 시인의 인생 여정과 삶의 순간순간 느낀 점들을 놓치지 않고 포착하여 시인의 안목으로 승화(昇華)시켰다는 것을 짐작하고도 남음이 있지 않겠는가?

대상을 면밀히 파악하고 예리한 시선으로 포착하여 내면에 숨겨진 비밀을 드러내는 시적 기교는 독자를 고려한 정주영 시인의 의도가 아닐까 한다. 그의 시는 다양한 삶의 체험과 그 체험에서 우러나는 생각과 느낀 점들을 내포와 함축적인 시어와 비유와 상징의 시적기법으로 묘사하였음을 알 수 있게 한다. 특히 서정과 서사의 콜라보레이션(Collaboration)은 더한층 시의 품격을 높이고 있음은 특이하다.

지금은 만물이 소생하는 봄이다. 성당(盛唐)의 시인 왕유(王維)의 전원락(田園樂) 일곱 편 중의 여섯 번째 시를 인용하여, 정주영 시를 읽는 봄날의 여유로움에 잠기며 시인의 다음 시집에 대한 기대에 가슴이 설레게 된다.

문학세계대표작가선 884

남루한 기쁨

정주영 시집

인쇄 1판 1쇄 2019년 4월 15일
발행 1판 1쇄 2019년 4월 22일

지 은 이 : 정주영
펴 낸 이 : 김천우
펴 낸 곳 : 도서출판 천우
등 록 : 1992. 2. 15. 제1-1307호
주 소 : 서울시 성동구 무학봉28길 6 금용빌딩 2F
전 화 : 02)2298-7661
팩 스 : 02)2298-7665
http://moonhak.wla.or.kr
E-mail : chunwo@hanmail.net

값 10,000원

ISBN 978-89-7954-765-8

이 도서의 국립중앙도서관 출판예정도서목록(CIP)은 서지정보유통지원시스템 홈페이지(http://seoji.nl.go.kr)와 국가자료공동목록시스템(http://www.nl.go.kr/kolisnet)에서 이용하실 수 있습니다. (CIP제어번호: CIP2019014428)